AF241731

不与口号为伍

Do not Keep Company with Slogans

2021-2025

严力诗选

易文出版社

I Wing Press, New York

Do not Keep Company with Slogans
by Yan Li

Published by I Wing Press, New York
iwingpress@gmail.com
Decmber 2025, First Edition, First Printing
ISBN： 978-1-961768-25-3

不与口号为伍
　　2021-2025 严力诗选

出 版 人：冰　寒
装帧设计：王昌华

出　　版：　易文出版社・纽约
版　　次：　2025 年 12 月第 1 版，第 1 次印刷
字　　数：　25 千字
定　　价：　$25.00

作者介绍

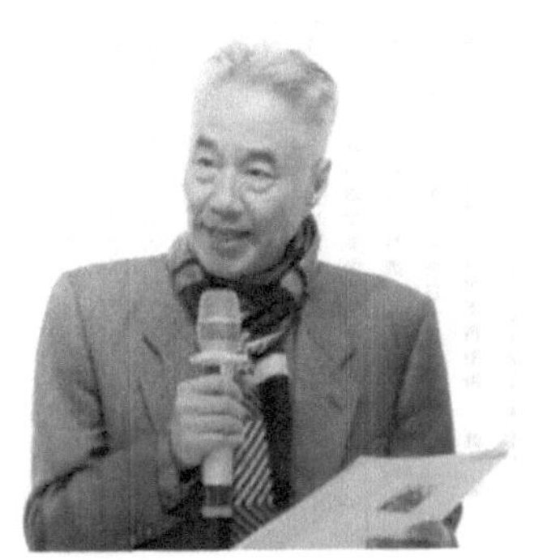

严力（诗人、艺术家）1954年生于北京。1985年留学美国，1987年在纽约创办《一行》诗歌季刊，2000停刊，2019年恢复为《纽约一行》，继续担任主编。2018年参与组建纽约法拉盛华语诗歌节，担任主任委员。

目　　录

2025

附　录

2021

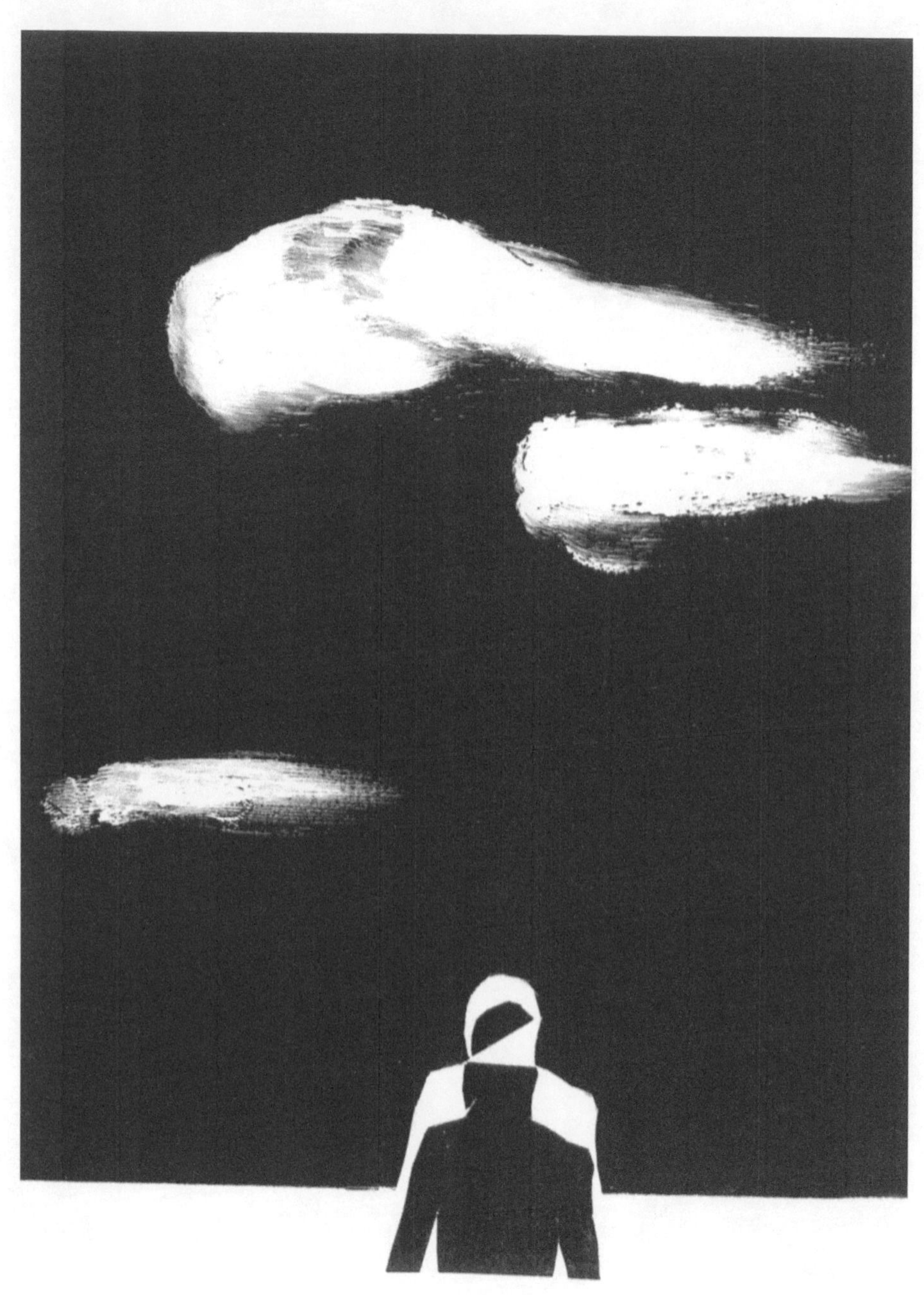

人与云的共同状态

忆苦思甜

成年后
我每天都甩出一个鱼钩
结果是
物质与精神
极端平均地轮番咬钩
这样算下来
一年三百六十五天
虚与实刚好能糊口
至于多出来的一天
可以忆苦思甜

2021.5.

结　论

一口气翻过一座大山
和一口饮尽杯中之酒
尽管不是同一种豪气
但我想到了
如果食欲能切片
就能平均其中的味道
我还想到了洗了又洗的脸
洗掉的表情都有年龄

就此我想到了翻山越岭是
能量涌到了腿上
胃与器皿
能够互换位置
还想到五百强把财富
在地球上挪来挪去
并非为了平衡资源
结论是
非人的生活
与非洲毫无关系

2021.6.

而是孩子

他叙述起自己几十年打拼的
那些大起大落时
都被总结成抛物线
落地后的坟头表面
还是会微微地发烫
就像教课书里
某页说了谎的段落

他拜访过很多城市的学校
从教室的窗口看进去
低头背诵的不是谎言
而是孩子

2021.6.

隐 居

在屡经失败的底部里
你定居内心
圈养名叫隐居的动物
这与把坦克改装成拖拉机
是同样的工艺
并美其名曰地说
参观回过头来追求农业的
军工业

观后的感想很多
比如锈迹也是发芽的一种
你会想到
它们随合适的季节
成长了新的枪管
而你躺平在生物链里
并希望不远的将来
能抬高炮管地重见世面

2021.10.

历史进行时

最近读了两本新书
是关于几具不同时代
却互相寻找了很久的棺材
它们终于相遇了
之后又分手了
这一切
都发生在地下

两本书的立意不同
一本关于爱
一本关于不爱

2021.12.

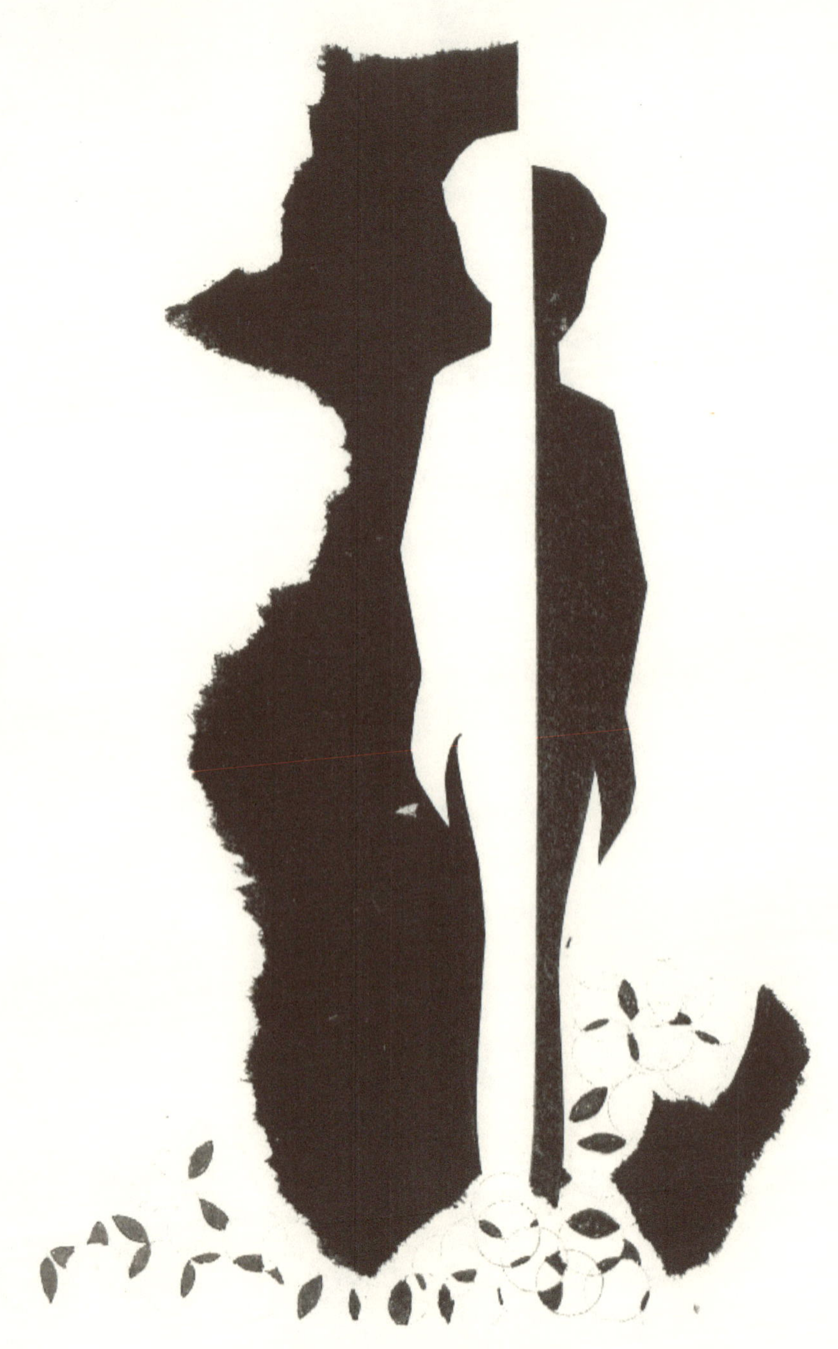

各一半

2022

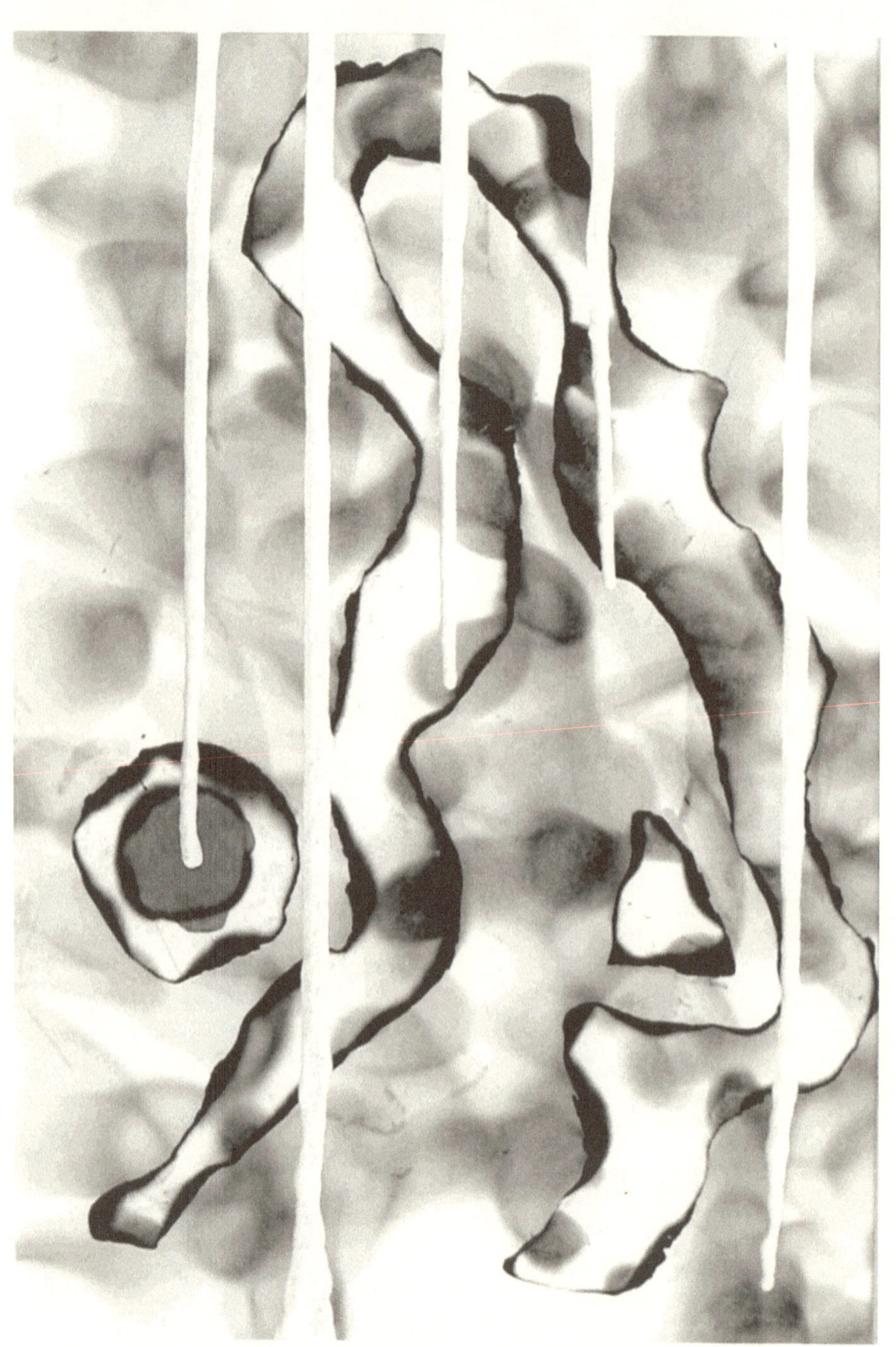

愿望

心 情

清理了各种遗产后
我仅仅留下了那声
出笼之鸟的叫声
若干年后
此叫声达到了
可以设置成
手机来电的铃声了
这确实很美妙
每次亲朋好友来电时
我都能听见自己的歌唱

2022.1.

再　说

自然及人为的原因
很多年的元旦
我都会分娩出
羽毛飞回翅膀的感觉
而今年
丝毫感觉不到 2022 年的新
只是觉得进入了
2021 年的 13 月
或者是到了 2020 年的 25 月
我晕啊
一年有 25 个月喔
甚至还没到达尽头
那四季怎么算
年龄呢

口罩捂住我的嘴巴回答说
等我被摘了再说

2022.1.2.

现　象

脚印是有体温的
我倒下
它独自往前
我闭眼
脸醒着

2022.2.

姿势题

短于腿的道路
徘徊在脚的广场里
此时的眺望
是一道姿势题
只能让踮起双脚的
口号去回答

2022.2.

安　全

所有安全的设置
必将符合生存的尺寸

随着做工不断改进
如今的防盗标准
落实在核武的威力上
至于将来
也依然是
强盗比被盗者
更渴望安全

2022.2.

惦　念

不是有乐器的参与才叫音乐
人也是一件发声的乐器
比如我喜欢的几种街头叫卖
它们可以比美一首歌的某段高潮
我还喜欢某个老友能经常来电
他说些什么并不重要
重要的是
他的腔调培养了
我对旋律的惦念

2022.3.

那枚蛋

到处是破败不堪的
历史视野
到处是旗帜上的国家飘摇
口号的口中含着
糖的象征
到处是
泛黄的古董棉花以及
重新编织的黄袍加身
到处是
圈养的那枚蛋
继续孵出人民

2022.3.

无论是谁

　不与口号为伍

以前的石头为石头立碑
不写名字
以后的也不写

谁也无法事先选择
出生的国家和家庭
然后就是被母语打磨出来的
习惯性表达
尽管度过了很多个
春夏秋冬
我们只有一次生老病死

这一回相遇在此
我写你读
关于人生的质量
关于审美必须丈量自身
翻不翻篇
翻不翻译
翻不翻身
改天你写我来读

随之
不翻也只能翻了
无论是谁

2022.4.

自行车与两条腿

2022

当年我骑自行车时
最疼恨轮胎被扎了钉子
或者
突然掉了链子
但这不影响我骑向
不知道未来在哪儿的盼头

我每次与空洞的口号
到达空洞的目的地后
自行车总要自豪地询问
下一站带你去哪里

直到某一年
我放弃了空洞的习惯性
往自己的两条腿里打足了气
这忽然顿悟
双腿就是未来
是能走向自己的

2022.5.

飞

我一直喜欢仰望飞鸟
以及展翅的飞机
或者
滑翔的云

多年之后才顿悟
无论使用什么样的标准
风
才是飞翔的唯一高手
也只有风
在撞墙幢楼
撞山撞地之后
还能飞

2022.5.

温 床

数码和视频
不断地唤醒我们的神经
指纹与人脸识别
再加上
一连串的 DNA 鉴定……
但是
它们能把床叫醒吗
这不是说笑
我的意思是
你能把那张温床
叫醒吗

2022.5.

呵　呵

我进了超市购物
但空手出来了
因为没带钱包和手机

这样的情况对我来说
还是第一次
于是让我想到了
它算不算购物的行为

要证明它是有难度的
我可以作为证人出庭
但没有物证

2022.5.

门　框

人造的风暴
充满了席卷情感的力量
你在整个世纪的翻滚
串通了每个时期的经历
同一个社会空间
必须听任四个角落的互相限制
无论你被占据中心的权力
挤压出什么样的形状
镜子里看到还是你自己
别以为未来会有多少改变
人不可能大于
门框的尺寸

2022.5.

带　货

疯狂的信息

飘在手段的天空里

气球都有气数

各路股票在广场上

抖动掌纹里的起伏

荷尔蒙匍匐在自身的养料里

经常是 2 月的房事

5 月就分娩了

如此好事

绝对令你上瘾

所以每抽上几口信息大麻

就能带货一群膨胀的虚荣

2022.6.

冤 枉

人们都反对战争
战争很冤枉
它说如果没有人类贪婪权势的
基因膨胀
哪会有战争的持续存在

士兵很冤枉
双方被逼到墙角
只剩下你死我活

军火也很冤枉
如果不是高科技的推波助澜
很多矿石依然在土壤下静静地
享受安睡

说到底
战争一旦被挑起
冤枉和被冤枉的
都已没时间反省自己

2022.8.

没有和必有

没有修理也必有破败
没有誓言也必有祈祷
没有运气也必有结果
没有疾病也必有死亡
没有自由也必有暴力
没有口号也必有诗歌

当没有被必有占有
就没有了没有

2022.10.

那张照片

过去了很多年
这天都市郊外的半个乡下
与另一半的公寓楼群
组成了我感慨岁月的氛围
此时的壁炉点燃回忆
像我被灌了两杯威士忌的夜晚
众多情节中跳出来的一幕
是我当年拆开一封来信时
面朝下滑落在地的照片
如今我已无力把它翻过来
就像此时的公寓楼
也无力把自己翻回成乡下

2022.11.

潜 伏

马上就年底了
没有一件事令我高兴
也没有大地复苏的征兆
或者我该直接去找
高兴这个词
凭借对自由表达的追求
让高
为每一行开头
让兴
为其押韵
虽然这个想法
已潜伏了多年
但今天有人用白纸
让它站了起来

2022.12.2.

冷场之冷

由于经常朗诵诗
生存压力形成的
不押韵
以及那些被各类社会事件
拼错的岁月
总是令舌头松开了又打结
而每次打结后的冷场
都松开了那年的
冬天之冷

2022.12.

理

生活的道理
之前都在基层打工
最后才熬到了
成为真理的养老年龄
它获得了特殊的食物料理
以及全天候的医疗护理

此时的
道理、真理、料理和护理
都在怀念身处基层时
点点滴滴且热乎乎的情理

2022.12.

失 灵

近些年填写个人信息时
在附加的项目里
我填了苹果
太太填了三星
女儿填了小米
某些朋友填了华为

在竞争越来越激烈的
国内外背景下
招聘单位不得不考虑
以上的哪一个
会在紧急状态里
首先失灵

2022.12.

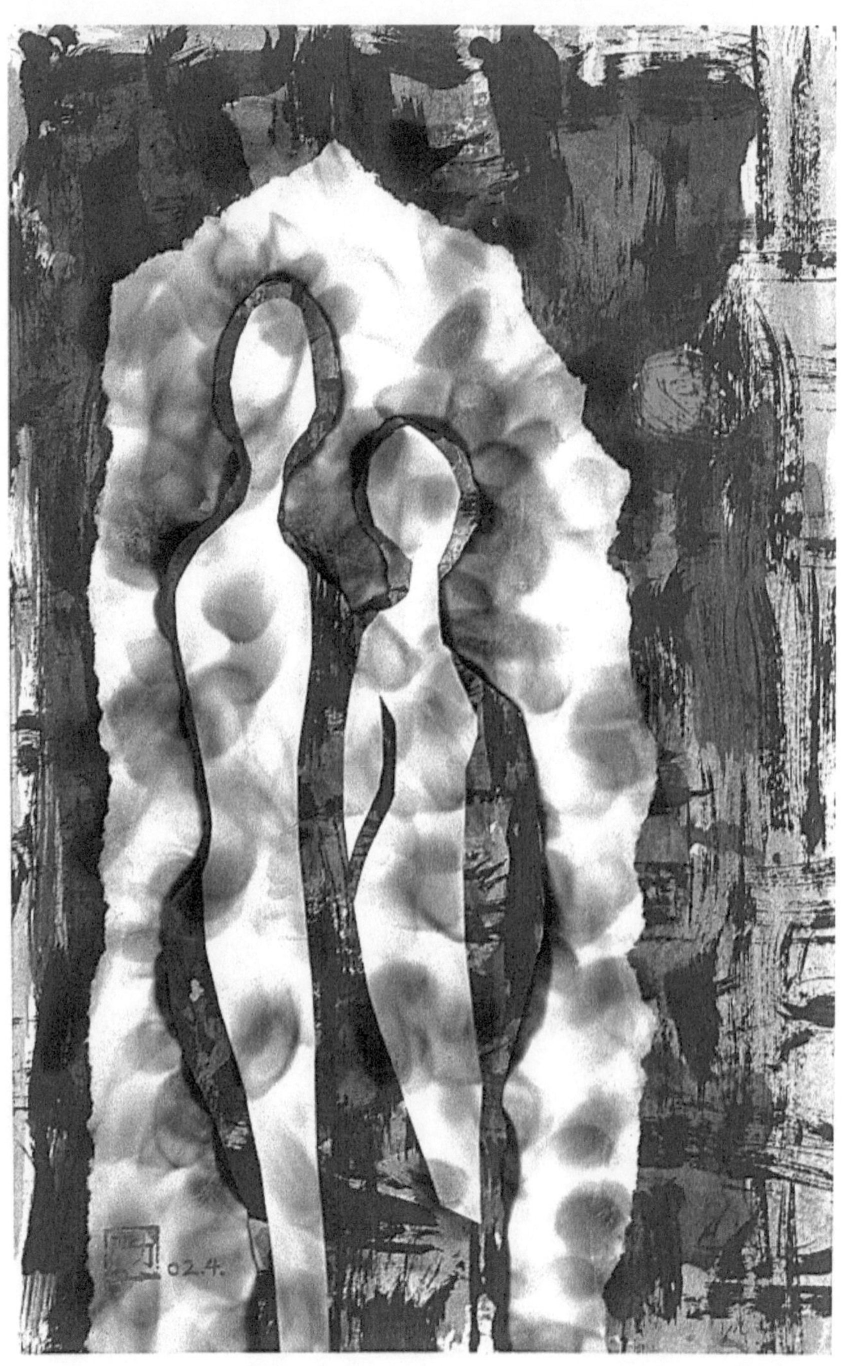

情的束縛

2023

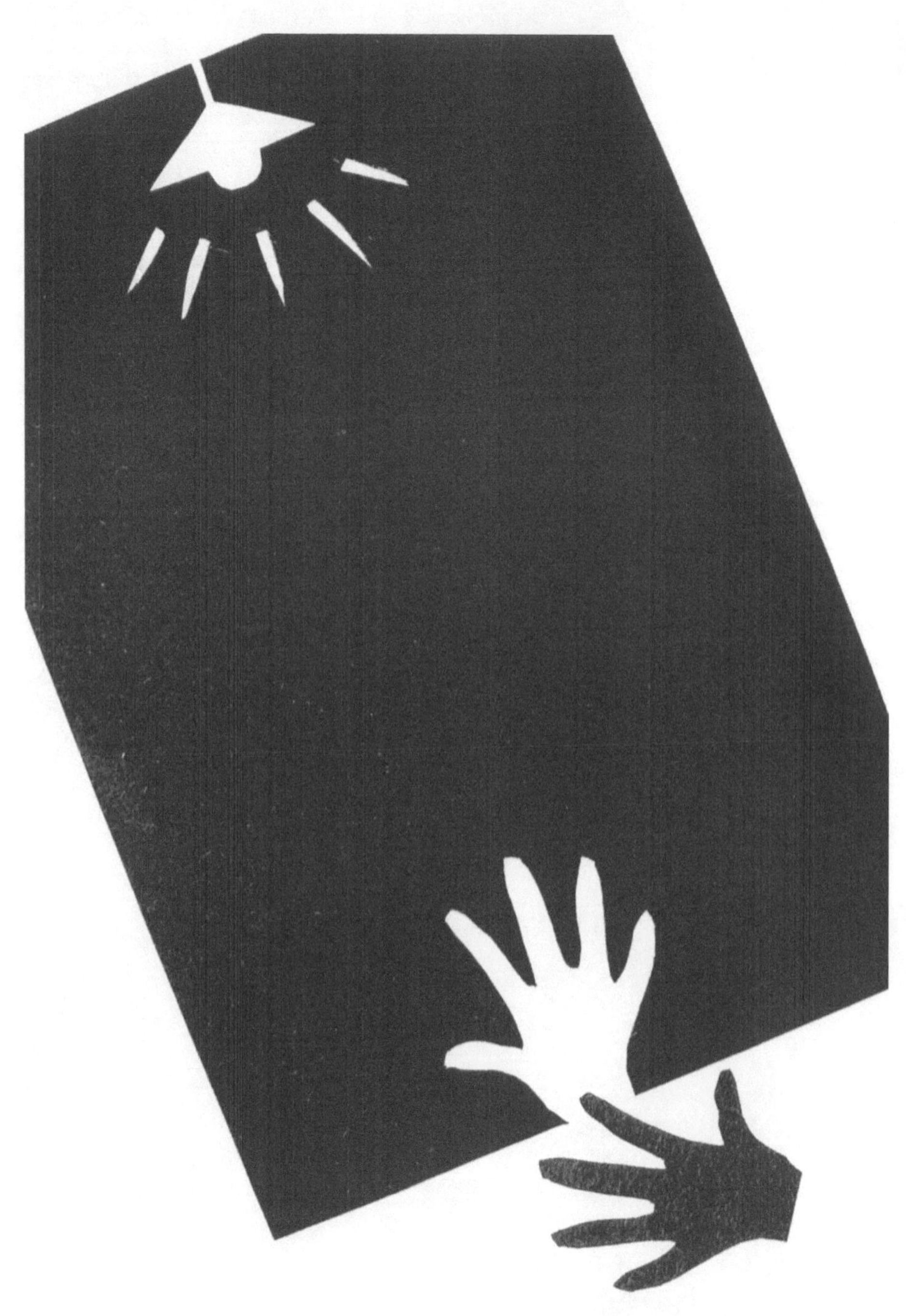

追 光

狼　藉

谎言上台讲话时
真相以退场以示抗议
真枪实弹发言时
和平当场倒地
轮到人工智能演说时
场内坐满了大数据

历史的现场
一片同类们欢欣鼓舞的狼藉

2023.1.

树 苗

一旦爆发
就难以反省战争了
缠满绷带的
都被逼成了伺机反扑的伤口
世间就此循环着复仇

一些旁观者
积极地敦促实现和平
并要在掩埋掉坦克之后
种下一批树苗
因为它们的生长
会把年复一年的鸟啼声
托往人类愿望的更高处

只是啊
更多的旁观者
多于还没种下去的树苗

2023.1.

早　餐

展开窗帘
阳光在窗台上
溅起天空的蓝
飞鸟与汽车
把鸣叫与轰鸣声
抹在了我刚烤好的面包上
咀嚼时
嘴里混合着
两种丛林的味道

2023.2.

沙　滩

写元旦、清明、中秋
写战争、爱情、死亡以及宗教
当我疲惫于这些模板化的主题时
都会在胸中掀起
追求其它方向的波涛

可惜的是
凡是地球上的海水
都在无止境地背诵着沙滩

2023.2.

是与不是

在不是人之前
人是有标准的
不是也有不是的标准

我看见
在是与不是之间晃动的物体
带动了词的晃动
晃倒了不少有关胜败的
历史性定义

我读到更多的文章
因过度转发的磨损
已认不出原有的句型
我读出了
重新组合的阅读

我还观察自己
是否也在晃动
在词里或词外
在不是人的之前与
之后

2023.3.

春

只记得昨晚梦中的
一个情节
我洋洋得意地抱着一束
蓝色礼品纸包扎的白色玫瑰
今天在现实的花店摊位上
看到了一模一样的这束花
在感叹一番后
我把它买回了家
尽管还是想不起
它在梦中的前因后果
但我希望
今晚或能延续昨晚的梦
再或者
能让这束花回味它的梦

2023.4.

春天没错

没错
大自然的春天是一样的
只是今年的春天
单身了半个世纪的妳终于结婚了
去年的春天
我经营了二十年的门店
因电商的挤压关门倒闭了
前年的春天
他被查出癌症
折腾了几个月竟然是误症
大前年我们的不少朋友
被新冠病毒带走了
没错
春天如果不与人的处境挂钩
都是一样的

2023.4.

粉 刷

画展之后
墙上挂钩留下的痕迹
被白漆粉刷了一遍
此时的空间既开阔又庄严
既是对
之前展品的怀念
又是对
之后的期盼

是啊
这才发现
很久以来我体内的墙
既没更换过展品
还忽略了
时代转换之间的
及时粉刷

2023.4.

苦咖啡

阳光在上午八点后
弱弱地来到了我的窗台上
还能感觉到
阴霾慢慢地隐入大地的怀抱
我回味昨晚的梦
它分成隐隐约约的两部分
就像阴霾与阳光
我伸了个懒腰
端起那杯日常的苦咖啡
至于糖和奶
多年前就已被妈妈
存进了我的体内

2023.5.14. 母亲节

例 外

你知道吗
多少年来的文物出土
都侵犯了他人入土为安的权利
对财宝及真相的欲望与好奇心
战胜了对祖先的尊重

时代在前进
出土黄金首饰的现象
已经销声匿迹
现代人的财宝与秘密
都埋在了手机里
至于无论什么样的盖棺定论
都拥挤在硬盘里

例外还是有的
在民间的闪存里
你会不断地发现
吹哨人的二维码与三维的
勇气

2023.7.

也是拆

我骑过的东西很多
马、驴、骆驼
甚至大象
还有自行车和墙
虽说墙在长年的风吹雨打中
迟早会坍塌
但我更想把它及时骑向
更需要砖头的地方

2023.7.

哲学小镇

这是个安静整洁
依山傍水洋溢着博爱的小镇
追求平等的有钱人
喜欢聚集在这一带
依据需求
各类店家形成了
一流的服务理念
偶尔有辆自动驾驶的
特斯拉警车缓缓驶过

这里的邻里们没有纠纷
也就没有什么路见不平的英雄
这里的正义感
长成了路边的两排树
各家的院子或窗台上
更是开满了不屑于春天脸色的
花朵

2023.8.

2023 年 8 月 18 日记事

在我视力所及的范围里
有峡谷、山峦、河道与轮船
还有蓝天白云、汽车和高速公路
除了人类
已没了野兽

好了
我缓缓走下时代的山坡
与手机一起等待公交车时
想着是否约两个朋友
去吃晚饭
明天还要去理发
再买一瓶洗头膏
至于今天的社会与国际事件
都在新闻页面上体会着
我迅速滑动的手指
是的
栏目的眼中
除了手指
已没了人类

好了
公交车到了

手指
随即存下了这首诗

2023.08.18.

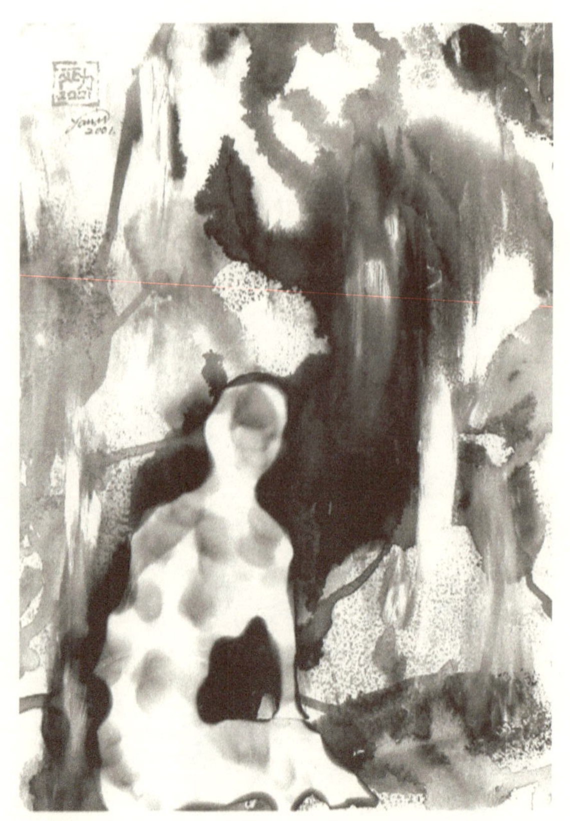

苦守洞穴的岁月

除　了

人体内

除了食物

没有田地和果园

除了饮料

没有江河湖海

除了欲望

没有教堂和寺庙

除了想象

没有云朵和星辰

除了磨损与衰老

没有四季轮回

除了疾病没有矿产

除了极限没有无限

地球之内

除了男方和女方

没有远方

2023.08.

两句话

最近有两句话
呈现着当前的国际局势

1.

原谅是上帝的事情
我们的任务就是送他们去见上帝

2.

只有比仇恨你的人更强大
强大到他们无法摧毁你
然后由你来原谅他们

但如果甲乙双方
都用这两句话来武装自己的话
是否就意味着战火
又要循环另一个千年了

2023.10.

和　平

和平多少年来都长不大
总是从好不容易的
七八或十几岁回到三四岁
从两岁回到襁褓期
甚至从婴儿回到受精前
多么辛苦的繁衍啊
幸好还有些永不言败的男女
在地球上继续挺进
也幸好造物主没设定过
这件大事的绝经期

2023.10

每个人的身体

每个人的身体
都是母语的一块土壤
土壤里的语法、措辞、
诙谐幽默、引证论据等等
形成了言论的自由表达
或者在历史的进程中
某些表达被迫或扭曲成了
含蓄及狡辩
但它依然是一块土壤
地球的一分子

依然有权在五湖四海行走
至于它被禁足在某个区域
哪怕是在一个主权国家
也妥妥地是一种罪行
尽管有人是自愿选择进入的
但也该保留着出来的权利

每个人自己的土壤啊
生长的行为不需要翻译
所以
任何政治或宗教团体
也都无权对其发号施令

2023.11.

2024

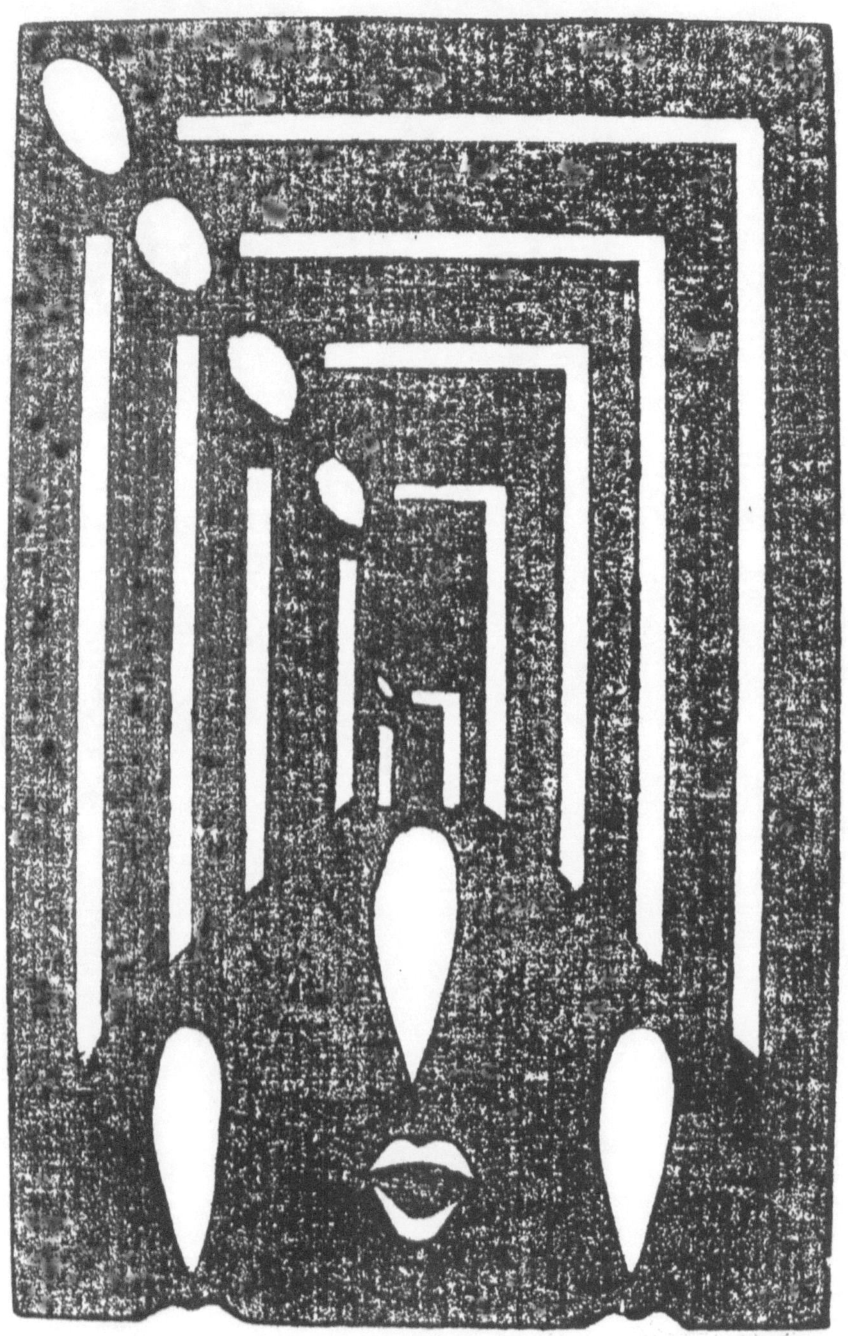

门的感叹

拜　年

在没搞清楚

龙是卵生还是胎生之前

我们继续拜年

2024.2.

地球与国家

作为副词和形容词
大家都附属于国家这个大词
如果没有护照
就不能旅行境外
其实境外没有地球
只有划地为牢的
其他国家

2024.2.

我和我

能把钱洗干净的人
必定知道指甲缝里
隐藏着各种肮脏的能量

手相里的那双手
迟早要演变成
奔跑在命运道路上的脚

人生的两边都是事实
但天平只有倾斜才能有获利方
所以我在我和我之间
寻找更低的我

2024.3.

沉重与深刻

能把钱洗干净的人
知晓指甲缝里
隐藏着各种肮脏的能量
至于手相里面的那双脚
迟早会奔跑在命运的道路上

运气没有平衡点
就像天平
沉重的一方
不一定是在追求深刻

2024.3.

前仰后翻

笑声是有语言的
比如幽默
更会在母语的知识结构里
笑出前仰后翻

对住在汉语里的人来讲
我早就入籍了
哪怕苦难的前仰后翻

2024.3.

历史之谜

你到了哪里
电已发明了两百多年
眺望的姿势过于陈旧
大家都在用手机和无人机
俯视世界

视频够不到的地方
理论上都是宇宙的原生态
但登录生命的密码
至今也难以设置

总之你到了哪里
目前不会有更多的风和日丽
也改变不了天赋的当地特产

火星虽有接收求救信号的明天
但你还是被裹挟在
危机四伏的地球上

今天
今天处于历史进程的这一段：
更多的人与武器一起攀爬在
人性的枝条上
准备着全面盛开

2024.4.

谜 底

不管你今天到了哪里
都要用手机和无人机
改造眺望的姿势
而视频够不到的地方
不属于交流范围
至于登录生命的远方
AI 不具备重新启程的基因
所以不管你明天到了哪里
不会有更多的风和日丽
也切换不了天赋的当地特产
火星更不是你的原始数据

所以还是回到与武器一起攀爬在
枝条的姿势里
继续用强权的汁水充盈果实累累的
丰收呗

2024.4.

钢 琴

不与口号为伍

春天的钢琴
不会自己走音跑调
除非人为的干扰
比如晒黑了好几圈的草帽
源于强烈欲望的暴晒
描红的牌匾
更是口红的杰作

尽管仁爱本是整体的面积
而能呈现地球这一格调的
我至今也猜不出
会是哪个国家的钢琴

2024.4.

材料学

我曾在妈妈的厨房边
滑落过很多次杯子
她说放心吧
全是塑胶材料的
所以我记忆中的滑落
都是材质柔软的

至于"我的妈呀！"
那是其他材料在成年后
滑落了什么的感叹

结婚前我还发现
性别材料的问世年龄
甚至可以跨越时代
因为动物性
更需要教养和利益的匹配
我还发现
女性是生命的体内厨师
而我能否用爱之材料
打造成端盘子的父亲
则靠运气

2024.5.

中秋抬头节

我把八月十五
叫做中秋抬头节
那天的人们都会
抬起头来向那轮满月
祈福圆满的 1 2 3 4
在这秋高气爽的时节
尽管大自然准时地
用其宽阔的胸怀
把劳动者的汗水凝结成果实
但人生的旅途中
总是有许多不幸的 A B C D
所以亲爱的兄弟姐妹
不管你享受了 1 2 3 4
还是遭遇了 A B C D
十五的月亮告诉我们
无论从地球的哪个国度来讲
每个人都拥有抬起头来的
自强不息

AI 是有想法的

我给了 AI 软件两句诗
它瞬间做出了评论
还配了一张图
我没有惊奇
甚至有点郁闷
它不需要时间思考

这是数据的马脚
它用以前的案例敷衍我
也就意味着不能随我进入
生命时间的下一秒

悖论是明显的
它以为厨房足够大
就能复制盘子里的
所有菜肴

2024.7.4.

现　象

那是多年来的典范
最会使用太阳能的是夏天
而使用能源最多的
必定是最累的
也必定无暇
挡住疯狂生长的
杂草与蚊虫

有着懒惰基因的我们
为自己研发了空调
虽然偶尔会为
夏天的额头擦擦汗
其实是顺势在其脚下
多种了点罂粟与大麻

2024.7.

所　以

生存的各种温度激活了好奇心
喜怒哀乐相依为命
尽管没能在地球之外
发现一只蚂蚁
但它肯定像人一样
爬行在自己的局限中

所以
水把水拖下水的罪行
不成立

所以
生命是没有门牌号码的
到了明年春天
谁也不会去草地上询问
您是不是去年那株名叫某某某的草

所以
人的第一故乡是良知
可以在地球上随身携带

2024.8.

后腿与前肢

不管是二十还是两千尺
都是距离
即便是正反面
也要以翻转的磨炼
去发现人与动物的距离

尽管与时间奔跑在同一条路上
至于能不能与人押韵
还要用你的后腿
继续寻找向上离地的前肢

2024.8.

之下

海面之下的水
没有波浪的造型
没有水沫的蠕动
没有闪亮的表情
没有拍打礁石的表演
它与谦虚一起
缩在脸的深度里

更在野

他们是
在野党知名的骨干
为了东山再起
日常里不敢活得太在野
尽管他们知道
只要社会中有丛林地带
就会有在野的各种幸福
但更知道
只有在成为执政党之后
他们身下的床
才会
更在野

突　然

如果把人类世界
压成一张照片
那么
笑的永远在笑
哭的永远在哭
做爱的永远在做爱
但至今不知道
是谁
又是为了什么
需要这样一张照片

万 一

在一个朋友家里
我走近一条宠物狗
它突然抬起头看着我
刹那间我觉得它是人
直到与主人告别
我还在想
万一它是人

问题是
万一它是人
主人又该是什么呢

石 头

我喜欢石头的原因是
多年来
悬在心中的无数块石头
都陆续落了下来
神奇的是
没有一块砸到我
也没砸到别人
甚至没砸到地

六十以后

我不知道要依靠多少人的推荐

才能把句子写顺到

可以时常发表的程度

我不知道

这样做是学习的热情过高

还是钻营的目的太强

尽管我知道抄袭不光彩

但对礼貌的抄袭又另当别论

所以我知道行为可以抄袭

作品不可以

问题是

六十岁以后我能否抄袭自己

能否把抄袭礼貌当作抄袭

自己的作品

无　论

无论产生多少理想
人的体重不变
无论减掉多少鱼群
海的体量不变
无论成立多少国家
地球面积不变
无论发明多少技术
人生悲喜不变

2024.11.

感　觉

栅栏把窗外的天空
分成了格子状
我从里面一格格地
填上天空、阳光以及风的
描述词
词穷后我猛然发现
剩余的格子里有着
词语者难以抵达的另一种词典

我感觉今天翻开了
新的一页
可惜它挤不进任何一本书
因为还没有页码

2024.12.1.

纽约杯子

最近在朋友的聚会上
遇到了敏感词 A 和 B
尽管出自不同的国家
但相聚恨晚地频频举杯
并把其他杯子
也都吸引了过去
后来所有的杯子们都感叹道
敏感词体内的度数很高
加了许多冰块后
还能品出原始的产地

是啊
纽约的杯子很享受
各种果子在流亡的发酵后
所勾兑出的鸡尾酒

2024.12.

2025 祝词

人的第一故乡是良知
可以随身携带

良知就是善
一旦有了互相比善的环境
真和美必然风光
文明的步伐必然前进
为此
我信仰诗神、酒神以及
众人眼中善良的眼神

2024.12.31

2025

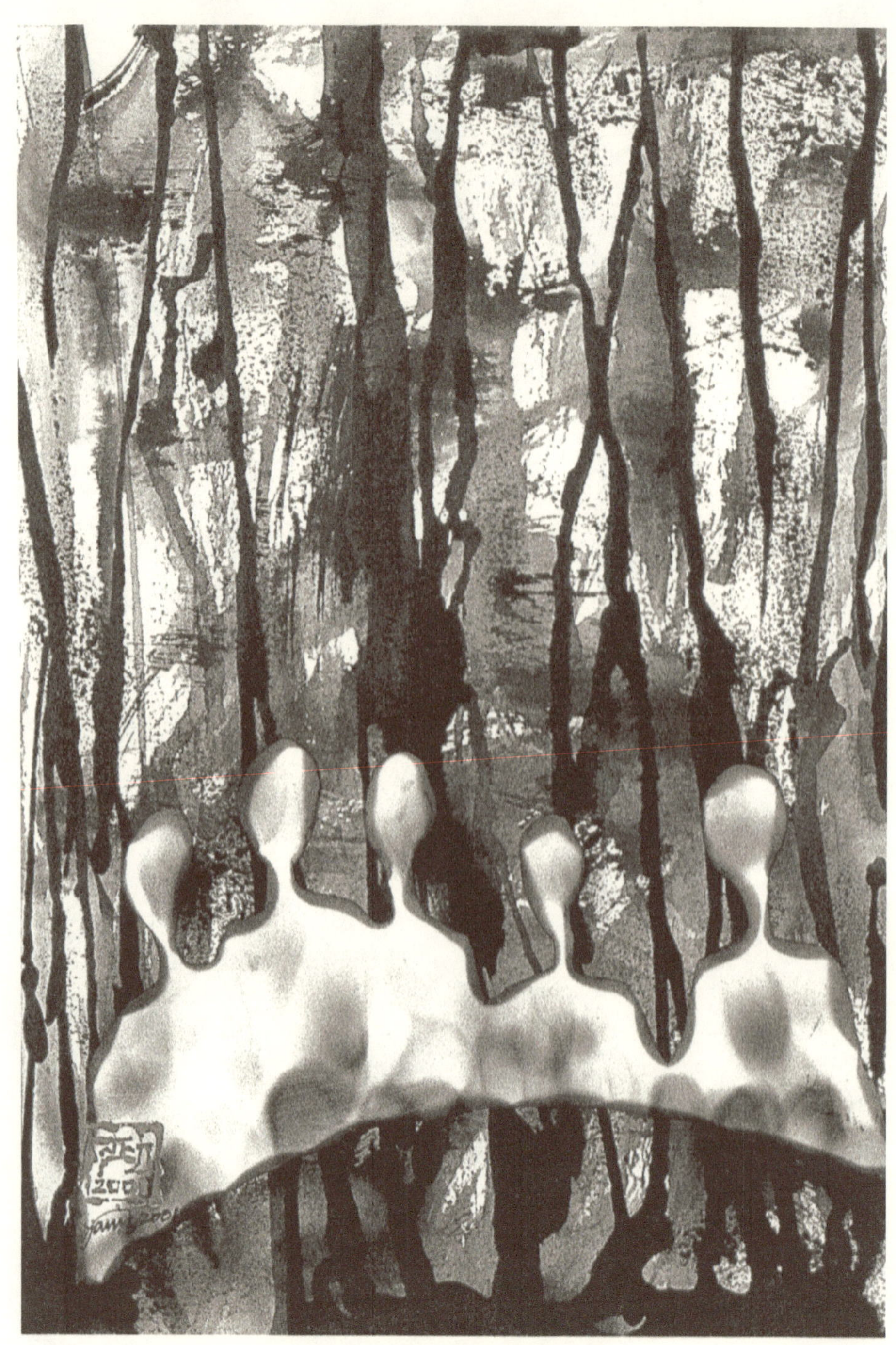

共情的磨难

下一个是谁

是中奖者还是受害人
是叛逆者或是逃兵
是总统还是职员
是你或你们

其实
下一个就是
从没离开过我们的

名叫谁的人

2025.1.

苹　果

你说要把你
阳光灿烂的前途
分给我一半
我搞不明白
一半的阳光还能灿烂吗
我知道你拥有
连锁的饮料加工厂
有从四十多岁窗口望出去
略显疲倦的景色
还有一栋
后院种了果树的别墅

面对我疑惑的表情
你说别想太多
就以我家后院的苹果来比喻吧
每次我吃的时候分给你一半
你边说边扬起握苹果的手势

直到分手多年后我还能看见
你苹果般的笑脸上
垂着削了一半的皮

2025.1.

窗 台

句号落定后
就确定了
另起一行的时代预兆

但我知道的大变革
后面都跟着
对口号的问号
无奈之下
我只能把问号切碎成
一串引号

我的出路与烛光类似
说白了就是以微弱的方式
在黑暗的括号里点亮自我

但我更坚信
无论如何煎熬
晨曦的惊叹号
每天都会准时地
敲响每户人家的窗台

2025.1.

不是我的……

逃出生活的室内
以为就此飞上了枝头
无奈此物种
史前就被卸掉了翅膀
我只能在野地里
摩擦青春的脚底
遇到的所有终点
不分室内外

骄阳不适合保养温情
寒冷一如既往地缩紧睡姿
已逝的人们认领着
留在人间的冷暖
并记得每个人
生与重生的日子

想当年
我有过其他的弥留状态
脑门里的沙沙声
来自文学在操场上
围着口号的跑圈
那种冷
至今的汗水无法突围

时辰飞逝
曾经前浪的我
在熄灭的泡沫里蠕动
而把晚霞与我
一起埋了的尾声
不是我的行为

2025.2.

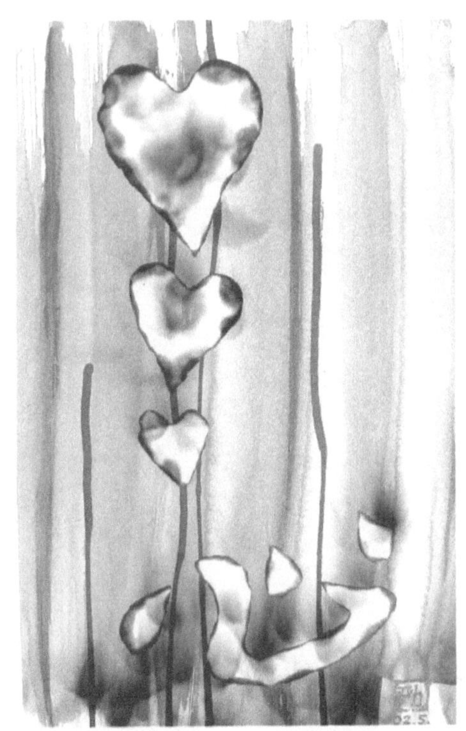

心的悸动

后人所为

逃出室内
以为就能攀上枝头
无奈此物种
史前就被卸掉了翅膀
你的失眠
其实不分室内外
烈日不适合体会温情
寒冷则必须缩紧睡姿
已逝的人们
证实了不会改变的坡度

你或者有过各种弥留状态
但那些也都归结为人性之冷
没有一种汗水可以突围

时辰继续飞逝
前浪必然跌成泡沫
而把晚霞与你埋了的结局
必定是后人所为

2025.2.

见　识

网管截获了
蜜蜂与苹果花的邮件
有关授粉事宜
花朵的道德底线并不苛刻
任何枝杈只要能接出果实
就不分小二或小三
蜜蜂也不在乎果树能否为
蜂巢提供保险

在它们的交流中
也提到了人类的繁衍
提到了如何计算
夏娃每年批发给亚当苹果的
利润所得

网管所截获的这批邮件啊
繁衍了我的见识
见识不分二三

2025.3.

筷　子

我是一双筷子
饥荒年代经历过
以舔食自己来解决温饱
繁荣时期以各家美食
弥补过舌尖上的缺憾
如今则品出了
控制七分饱的养身之道

这双筷子还能使用多少年
并不重要
只是在面对盘中滋滋作响的
整块牛排时
能否说服刀叉与我分享食物

我当然是一双知趣的筷子
昨天由汉语请客的午餐会上
那根名叫我的筷子
夸张地打了一个饱嗝
另一根名叫自己的
立马狠狠地瞪了其一眼

2025.3.

好　奇

我想辨别出
一群蚂蚁中的物理天才
并猜测哪位是歌星
或者它们的游戏
是否也包括党派之分
至于有没有不劳而获的福利
我则没有太大的兴趣

其实人类词语够不着的东西
还有很多很多
其实我最好奇的还是
造成月亮与地球不即不离的
除了物理或化学
是否还有感情的原理

2025.4.

血

我拍死了两只
再时代眼前飞舞的蚊子
它们虽然是 3D 打印出来的
但其中的一具尸体
带有血迹

洞察了我的疑惑后
新来的蚊子对我说
太腥的人血已被放弃
我们改吸芯片的血来
维生与繁殖

2025.4.

此物和此地

此物讲究享受
一生都在吃穿住行上
对应器官的四季

此物自恋
把另类视为天敌
而在互相翻译的交流中
也没有对应良知与善良的
行为跟进

此物从个体
汇聚成各种团体
继续以弱肉强食的方式
参与此起彼伏的武装攀比

此物热衷于用黑暗的背景
衬托虚荣的辉煌
此物没有来自宇宙的朋友
更没有不是宇宙的

此物很想离开此物
但放眼望去
适合耕种物质与人祸的
唯有此地

2025.5.

圆形之前

在地球上
我们没有球形的感觉
飞机降落时没有拱形的跑道
人造卫星传回的球形照片上
看不到我们

孕育生命的
必定是更大的生命
而圆形或许是
真正的生命形式

时间继续打磨着我们
在圆形之前

2025.5.

这几年

这几年
我被俄乌、哈以、以伊
等等的战争及冲突
影响着写诗的思绪

参战方、助攻者、
摇摆及暗中盘算者的规模
已经是世界大战了

这几年
钻地弹与人心深度的探索
几乎合并成了同一门学科
只是定点清除的发明
依旧消灭不了人体内的
先天毒瘤

这几年科技在前线的表现
一如金融的数码演算
面对恐怖威胁的
指纹鉴定和人脸识别
人工智能
新冠疫苗
无人机

从战壕出发的科学啊
横扫了这几年

这几年的文学下笔
依旧没能触及子弹制造者的神经
哪怕写作者身处事发中心
无力的词语集群
依旧徘徊在每一颗空弹壳之外

这几年的人间阅读
疯狂地接收着敲个键就能去除的
视频里
而人工智能
为咨询者写出来的诗呢
全是用网上发表过的历史结论
神速地为其押韵

2025.6.

存 在

一声惊雷
击中了树
幸免于难的鸟窝
在余下的半棵上
继续哺育未来

就像改道后的江河
麦浪在两岸继续起伏
而沿海的景观大楼
不管如何林立
前方的海浪
依旧自由翻滚

事物在及时互相对齐
余下的攀比残缺
至于社会的每次扭曲
也只在那段时期里
暂时隐藏了文明的长度

2025.6.

写与被写

诗把我从城里写到了城外
还把我写离了族群和家园
后来又把我写进了太空
可惜
太空太空旷了

我不领情地把诗写回了
地球、族群和城里

坐在公寓的沙发上
我礼貌地回复了亲朋好友
询问我行踪的微信
至于那些警示或提醒我付款的短信
它们也像被我写回来的诗一样
等着我用资金去为其押韵

2025.8.

都知道

都知道男女结合后
生下你的那个人就是妈妈

都知道
和睦的家庭能让你的童年
充满温馨

都知道
从吃穿住行的技能
到科技、金融的下注
各种形式的发育
陪伴着你的学业包括辍学

都知道
每天有人因疾病、衰老、
战争或天灾而离去

所以你与现象学都知道
将来出生的某个人还会是你
但不会携带
前生的任何记忆

2025.9.

也 是

我领工资的工作很左倾
你有工资高于我的右倾
行业有起伏
高低与左右时常互换
也就不代表谁更正确

左和右都有放松心态的时刻
所以胸怀政治地球仪
不可能享受休闲的周末
其实经纬线的每一天日常
只定位阳光与万物的方位

从这个角度看
在地球上繁衍好人类
才是真正的上班
也是生活的意义所在

2025.9.

大自然

截止到 2025 年
不少入籍美国的华人
选择长久地住在中国
这是现实

如果反过来
不少入籍中国的美国人
选择长久地住在美国
那就是超现实

对我来说
把现实与超现实的现象
颠来倒去地思辨一番时
地理社会的割据
确实令物种晕眩和迷茫
但对具有尺度的思想来说
则加深理解了无论如何测量
大自然从来就没有国界

2025.9.

交响乐

我从小伴随着爷爷奶奶长大
被开启的听觉来自他们的语调
这也被解释为
每个人最初的声乐启蒙

人类的地缘习性确实奇妙
爷爷的上海话夹杂着夸张的顿挫
而普通话里则穿插着
浙江宁海县黄坛镇的音律

他善良待人的家乡基因
一直在血液里此起彼伏
为了传承救死扶伤的理念
二十来岁就从宁海
到了更先进的上海拜师学艺
除了服务社会
那些年还顺手调理了
儿孙们的身心健康

近年来我数次拜访了黄坛
乡音触发着我内心深谷的共鸣
人生啊

随着乐曲篇章的承接与翻篇
随着管弦与打击乐的轮番交融
二十至二十一世纪的
时代交响乐
令我的感慨啊
悠长无限

2025.9.30 于纽约

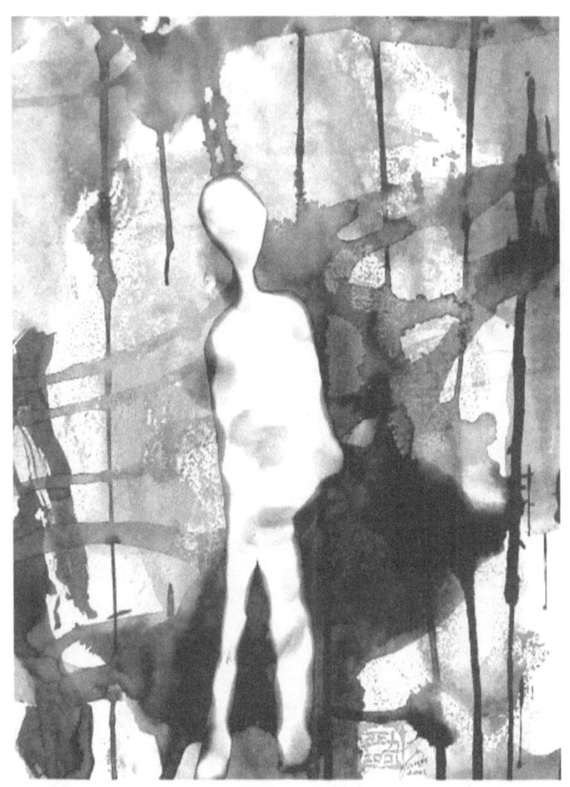

环境的黑白灰

中文留言

几年前的一天
我剥开一只美国产的橘子
里面竟然有留言的纸条
而且是用中文写的

"哈哈，我被自己吃了"

看来
它的牙与肠胃
在我的认知之外
至于纸和笔
显然是为了
迎合我的理解范围

此事发生之后
我无论面对哪个国家的橘子时
都会想象那里会有什么
已翻译成各种幽默的
中文留言

2025.10.

草地和花园

鉴于生命的激情与
求生的顽强
有人被描述为
严冬之后最早绽放的花
有人被形容为
墙缝中呲出的草
但没人把一株草称为草地
也没人把某朵花唤作花园

社会学形成以来
更多的是为获取领土而
暂时结盟的草
或为了抢占出镜率而
勾心斗角的花

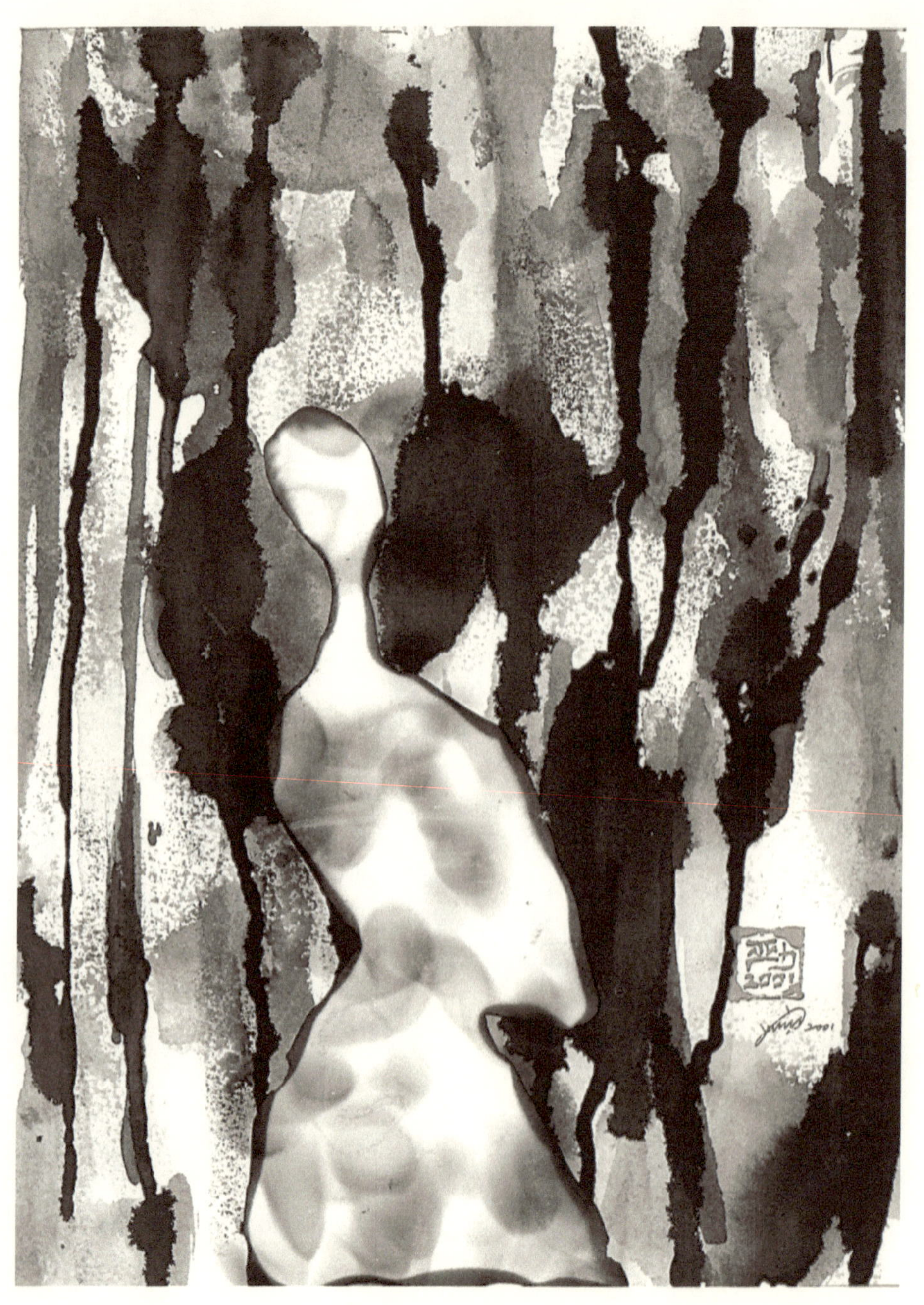

被亡灵围绕的日子

附 录

关于诗歌的一些思考

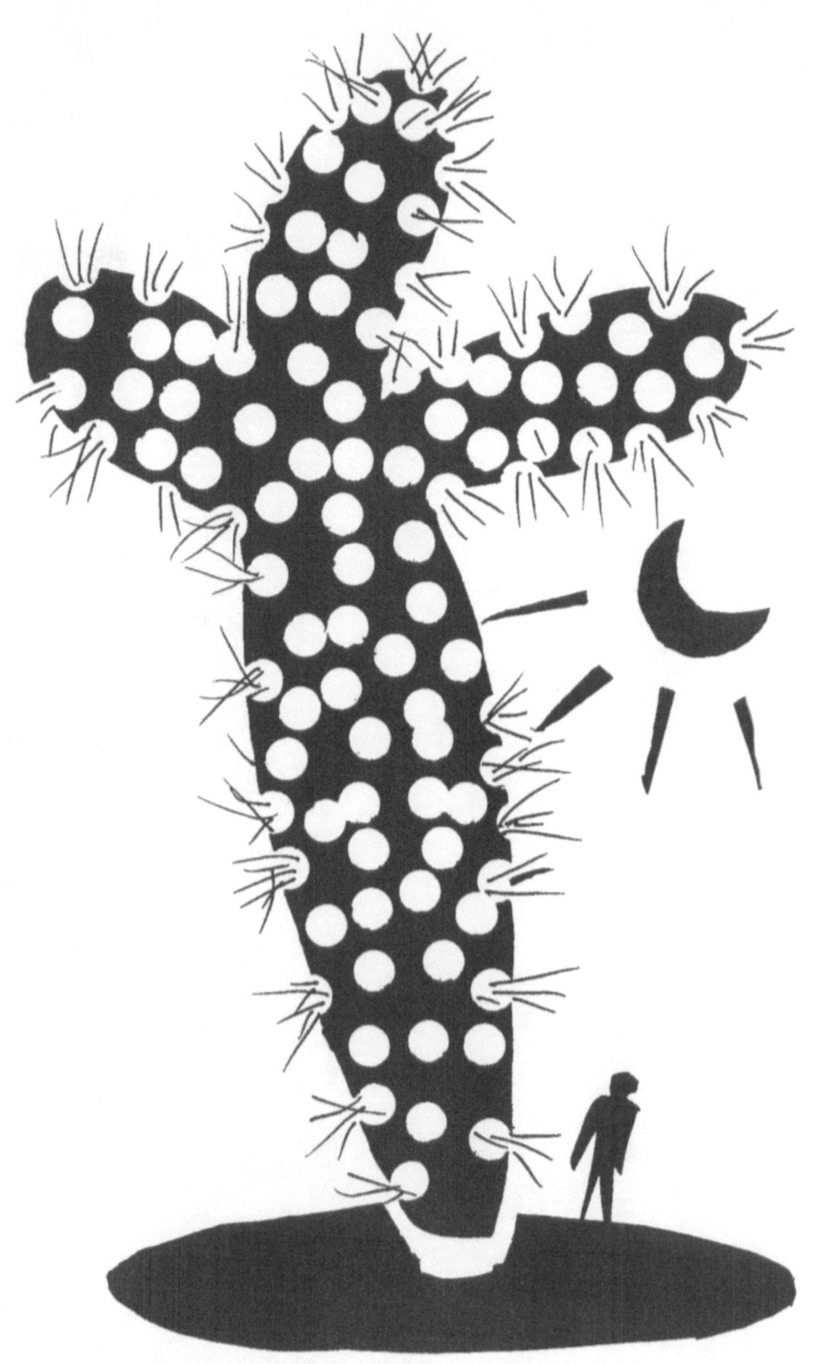

光 与 刺

诗句口香糖 80 片

（有味道就多嚼嚼，没有就吐掉）

1，

我信仰诗神、酒神、

以及人们眼中的善良眼神

2，

本能只能进化成本能

3，

花朵以自身的速度奔向凋谢

不会保持某个姿势等你拍照

4，

每次被梦想叮醒

都发现没地方挠

5，

脚踏两只船时

最紧张的是睾丸

6，

我保持着带几首诗上路的习惯

它比带几箱饼干更能找到知己

7，

风不知道旗帜把它拦进了信仰的方向

8，

坏就坏在你更享受坏人对你的赞美

9,

人生无法避免的是

为两只并排的鸟而喜欢那棵树

10,

简单的生活并不意味着

你就远离了复杂的人性

11,

我喜欢舒服的思想胜于沙发

12,

拳头不算什么

被双乳击倒的人更多

13,

国家的尺寸都是战争测量出来的

14,

人生的最佳忠告出炉了：

别为那款好药去生一场病

15,

一个茶友对我说

情绪不稳的时候

茶香是有扶手的

16,

作为个人我寻找人类

作为人类我寻找个人

17,

吹牛之后就更忙了

每天要为吹出来的牛喂草

　　18，

我的梦想

就是要生活得腐朽一些

结果梦想腐朽了

生活没有

　　19，

母牛也是喝奶长大的

所以她们也怀念母牛

　　20，

消息很不真实

就像避孕套戴在了黄瓜上

　　21，

人性的很多小数点在集体之外

　　22，

土地没庄稼意识

我们收工它不收

　　23，

佳作不要求自己

诞生在星级宾馆里

一旦发生了

肯定是星级宾馆诞生在了

佳作里

　　24，

跌入双手的陷阱后

才有了攀爬自己的乐趣

　　25，

鸟有很多种类别

但不能混杂繁衍
人类各民族无论如何混血
都能繁衍下一代
　　26，
钢琴无休止地讨论着人间的黑白
　　27，
很多获奖的文学作品
都会令人联想起
蹲在战壕里抽烟的经典造型
　　28，
真是很浪费啊
人间到处都是
为自恋而运转的机器
　　29，
我们发明不了新的本能
通常只是把某个昨天
分割成今天和明天
　　30，
某些搁浅在生活里的船只
是因为泉眼流不出眼泪了
　　31，
清洗污染的词语比洗钱更具技巧与风险
　　32，
把血管绷在历史的琴身上
就能接通所有朝代的曲目
　　33，
社交场上总有些人为他人

　　不与口号为伍

夹去一筷子表示弯腰的菜

34，

我不知道

在炮弹发射真理的年代

谁是真正的英雄

35，

文明是形而上下

拉扯出来的一条曲线

36，

请把脚趾头分开往前走

当其中一个到达目标后

再通知其他的向其靠拢

37，

动物园没有以龙命名的国宝

但有着以外交官命名的熊猫

38，

没有单翅飞翔的鸟儿

只有单刀飞舞的欲望

39，

铁锚的唯一欲望就是跳下水去

40，

谣言千百年来都在用传播者的口水解渴

41，

常常是在你缺盐的时候

命运给你补发了一块糖

42，

再高的科技也无法把蓝天绑在旗杆上

43，

强权必然会垄断制造口碑的所有材料

44，

风也是有家的
也常常不出门

45，

社会问题就是
你把一分钟剪短还是拉长
都将耗时 60 秒

46，

生活教会我们
在不得不面对两个假货时
选择更像的那一个

47，

过于标榜血缘和种性就无法处理
与异父异母之兄弟姐妹们的关系

48，

主流希望拥有专利
支流希望拥有风格

49，

有人喜欢春天
有人喜欢变天

50，

不是所有的底部都可以卧底
但卧底肯定在底部的尺寸里

51，

我们还没发明出

把价值观与言行

一起烫平的熨斗

　52，

充满精子的狂躁

折磨了男人一生

　53，

理想者总是担心夕阳被山峰卡住了

　54，

请享受产品能去而国家不能去的所有景点

　55，

当野生动物代表了

地球越来越少的优点时

人类就代表了越来越多的缺点

　56，

自恋把刀和刀鞘铸成了

不能分开的一体

　57，

都市的各种窝

拥挤在几道门后

还扶着别人的墙

　58，

不要轻易请物质回家

它们绝不会自己离开

　59，

想起往事我就会有去弥补的冲动

可事实上

是它们把我弥补成了如今的模样

60，

真理逃脱不了被压进枪膛的命运

61，

高科技升级了生活便利

但不负责升级你的尊严

62，

尽管大家都感受到不安全

但椅子还没长出第五条腿

63，

每天都在浪费能源的人

肯定比其他人更加繁忙

64，

社会问题在于

蛋糕转换出来的能量

不一定是甜的

65，

主流就是没有人甘于贫困

其他的都是支流

66，

和平与战争从没尝过

失去对方是什么滋味

67，

世上没有拿不动手段的手

只有拿和不拿的区分

68，

一旦劳动的方向错了

就不如不劳动

所以我坚定地
做过几年不劳动的人民
　　69,
有一件事我总觉得不够精确
那就是把"我"翻译成"自己"时
从一个字变成了两个字
　　70,
眺望的姿势是我自己的风景
　　71,
有些人用一生的奔波
还是错过了好几个家
　　72,
世界一直有戏
但不证明它越演越好
而是因为
有戏就可以倒卖戏票
　　73,
很多诗人抓住感叹词不放
也就分不清
手和栏杆哪一个是自己的
　　74,
除了政党、宗教和国家
市场上没有为集体设计的枕头
　　75,
医生说你的身体
应该拒绝甜品了
但可以与糖纸偷情

76，

行为的刹车闸一直安装在脚的里面

77，

我的视线被经济衰退

打了一个又一个结

从这样的视线看出去

全是饿一顿饱一顿的风景

78，

倾斜的山坡

总令我感觉到后腿冲动的

快感

79，

每当我身处悲伤时

就让影子朝向快乐

80，

说起奔忙劳碌

我们都度过了

影子不会出汗的一生

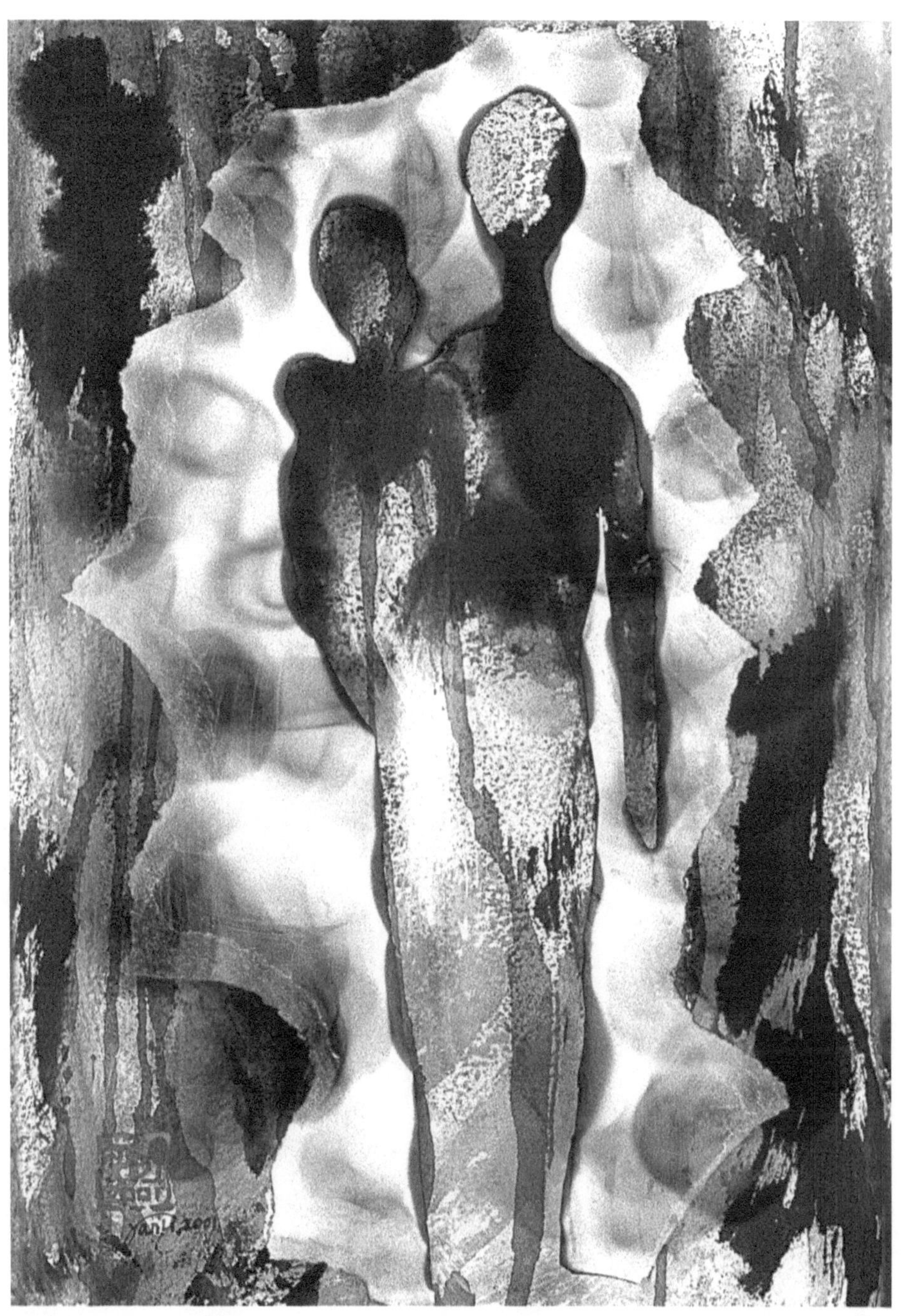

共情的磨难

严力回答有关诗的九个提问

1. 你在诗创作过程中有哪些可以与他人分享的经验？

答：讲五点，第一是把要明确表达的主题或情绪，第二揉进语言技巧地一行行地造句，少用矫情和常见的形容词，多用动词能让阅读产生画面与动感。第三审视这个主题或情绪能否让更多的阅读者共鸣，如果范围太窄或太区域化就要升华到人的共性上去。第四能否有放射性地涵盖生活的其他块面。第五就是第一遍写下来时不马上定稿，放一段时间后再拿出来按照以上四点进行审视，要舍得砍掉多余的语言中不必要的"滴滴答答"，以求简练，吃不准时再放一段时间后再次修改。

2. 当有人尤其是行内的人评价你的诗写得很差或不尽人意时，你是如何反应的？

答：这是事实，在我许多轻易甚至慎重发表的诗里，肯定有不少依然可以修饰的诗，但也有没有被仔细阅读的误读，但一般是前者居多。所以不要轻易因某些事件和情绪冲动地去发表酿造期不够的诗，尤其在网络时代的自媒体上这样的现象很普遍……

3. 如何看待当今手机视频以及自媒体的传播与纸刊的差异？

答：正好前几天有朋友很费劲地在把自己的绘画及其他资料编成一本册子，是想印刷后作为宣传之用。我就建议他做作品的视频或网站，因为每一本纸刊只针对一个人，这个人翻看后就放在一边去了，所以纸刊不易多印，印一些给用来翻看的场所就行，比如图书馆和有关的研究者。而视频和网站随时可以让人翻看，还可以随时删减或增加其中的内容，此潮流灵活而又廉价，是大趋势……

4. 诗凭借什么优于其他书写形式？

答：进入诗创作后确实令人上瘾，因为很多以散文随笔甚至小说想表达的观念、观点，诗可以用短短几行就说清楚了。也就是人体按摩的点穴，如果没有点到穴位，再多的搓揉也解决不了问题。当然喜欢以情节故事来享受阅读的人更喜欢小说散文随笔，所以这些形式上百年来也就不能互相替代，能替代的都已替代掉了，剩下的都是有阅读人群的。诗的小众化不是它的价值问题，其中之一是它无法产生能压制其他形式的稿费，人们还是要在富足之后再讲精神，物质社会的精神追求一般来说是装点门面的，不过每个人用什么来装点的选择权也是不可侵犯的。

5. 诗对每一个语种的传承与发展起到了什么作用？

答：任何一种语言都崇拜简洁点穴的表达，随着时代的变化，每个当代严肃的诗人都在做着这方面的努力，因为时代的变化也产生穴位的偏移与不同，就需要与时代同步的诗人在这方面努力，这就是传承与发展。诗人不是群体，群体一般都喜欢口号，尽管有些口号来自诗人的诗句，而好的语句被政治与利益群体利用是常见的事情。

6. 随着你创作的多年持续与深入，你对诗歌奖与稿费所持的态度有何改变，为什么？

答：创作者刚开始都有着被杂志刊物或人们认同的欲求，而奖项和稿费又是公认的标准，直到你发现这种标准常常是被权利与金钱操作时，那也是来到了十字路口，所以有时候你还会为作品被恭维而参与，有时候又会拒绝，……我更愿意参与民间的，无所谓有没有奖金，而互联网的视频与自媒体解决了发表的困境，我基本忘掉了用诗发表来获取稿费的事情。

7. 你认为诗朗诵是一种表演形式吗？

答：表演形式是汉语诗传统形成的，从古体诗的平仄韵律到白话文的现代诗，都追求现场感与即兴的掌声竞争，是偏于表面的向外喷射，有体育比赛的感觉。它还习惯于聘请专业朗诵者来朗诵，甚至配乐配舞地进行排练以求不出差错，（中文因地方口音的巨大差异，有时候确实需要讲标准普通话的人来朗诵），这一点对汉语诗人来讲确实有点无奈啊！但无论如何，娱乐剧般的烘托则是商业或利益的广告宣传。而西方诗朗诵的现场感则习惯并迫使听众静静地吸收到他们的体内去回旋……总之我认为由诗人朗诵自己的诗更能体现出诗中情绪的把握，但是千万不要追求舞台朗诵的效果，那效果把声音的个性掩埋了。最后要说的是，如今时代的好诗不会因为没有被朗诵而减少了它的价值，因为通过阅读它已完整地传达给阅读者了。

8. 大家都知道诗的广泛传播需要被翻译成其他语种，你觉得人工智能替代这项工作吗？

答：人类从蛮荒时期逐渐发展出来的不同语种，只有通过翻译能让不同语种的人互相理解文化习俗，从而减少误会和冲突，更利于了解人类的共性，求同存异，维持和平。我们都知道诗翻译因为报酬和难度的原因，几乎没有专业的从业者，所以我希望诗翻译者能获得非营利机构的赞助来从事翻译，因为目前阶段的人工智最多能分担一小部分比较直白的诗翻译。

9. 你是如何选择和滋养某种诗歌写作风格的？ 你如何看待风格与思维及表达的关系？

　　答：我摆脱不了在国内成长期时所经历的苦难体会，也摆脱不了表达人间亲情的天生欲望，上世纪七十年代选择诗的形式是利用它的晦涩和隐喻，既能让憋屈的自己用诗喘口气又想躲避文字狱的网。久而久之，发现社会动荡是因为人的原罪没有被放进规范的笼子，或是被拆掉了已有的文明制衡所造成的，而自上而下的反省是一个社会得以进步或保持文明的唯一出路，并且必须还原到个人，只有个体的文明越来越多，才能造成社会的文明现象。所以这就形成了我的人体风格，无论它穿西装还是唐装，是现实还是超现实抑或浪漫还是象征主义甚至口语，我努力靠拢的都是一个方向：如何把反省与文明的落实作为一个成年人的专业。

对话中国诗人严力

——《国际诗歌翻译》季刊系列访谈之十七

1. 您作为中国当下最具影响力的诗人、作家、艺术家之一，请您做一个简单的自我介绍。

答：我一直想搞明白作为个人在社会上的存在意义，我所处的 20 世纪，前辈们已经积累了很多种表达方式，我选择了适合本人喜好的言说与图式的表达方式，那就是诗与绘画。除了探索自己这个本体与当代的互动，更记录时代里惊动大众的点滴，其中政治在我这儿被理解为权力与利益的同义词。

2. 在全球化浪潮下，您是否觉得本土语言的诗歌正在被英语或其他强势语言的诗歌所"稀释"？您如何看待这种"语言霸权"对诗歌多样性的威胁？

答：语言也是一种国界，有国界就有强国语言和弱国语言之分，而国界都是由战争测量形成的。幸好人性的边界是一致的，就让直抵人性的文字创作能通过翻译让更多语种的人分享。弱势语言创作的被埋没也是不可避免的，更何况弱势语言还常常处在有文字狱的国家里。

3. 在这个充斥着各种冲突、气候危机与系统性压迫的幽暗时代，许多诗人仍然沉迷于抒情美学，您认为诗歌还能扮演"疗愈者"的角色吗？或者说，它更像是"麻醉剂"，让人在虚幻的美感中逃避现实？

答：诗首先治愈写作者本人，对他人的治愈则受其作品质量的优劣以及传播条件的影响。人格分裂及机会主义的写作自古就有，只是如今快捷的传播方式让我们感到了前所未有的"汹涌澎湃"，所以言行合一的诗人在人格上是强大的，首先能把自己从幽暗时代里解放出来，有风格的孤独是其人生价值观的必然结果。

4．在您的创作生涯中，是否曾因触及某些敏感题材而遭遇审查或压力？您是如何平衡艺术自由与社会审查的？这种经历是否影响了您的创作主题和表达方式？

答：创作永远是自由的，不自由的是发表。我有过不少次被禁止发表的经历，集体和集体利益都是要裹挟或消灭个人主义的，它与真正的创作自由是对立的。

5．您如何看待人工智能数字化时代对诗歌创作的冲击？譬如，"碎片化"的阅读习惯，是否正在"矮化"诗歌的深度和复杂性？当AI算法比人类似乎更懂"诗意"，您是否担忧诗歌失去其人文性？

答：人工智能写出来的都是重组历史档案的诗，它再重组也超不过历史档案里最好的诗。另外，当代诗人是与时共进的创作，是向他（她）心目中独特的人物或社会对象倾诉的，所以人工智能的利用大数据的推论是牵强的。人工智能是一个强势集体，本质上是消解个人创作之间的差异性。世界没有范本，只有很多个距离不同的闪亮点。

6．您的诗歌中常常出现一些反叛、质疑甚至否定的声音。您是否认为诗歌本质上就是一种"反抗"的艺术？这种"反抗"针对的是特定的社会现实，还是更普遍的人类困境？

答：首先是认知人体本身那部分天然的动物舒适求生性，它们绝对是弱肉强食的，我探索如何提取人性中的优良部分，并用后天培养起来的克制去压抑劣根性，当它形成了习惯后就被称为了高于仅仅遵守法律的修养。同理，把社会看做一个人体，也需如此处理。人类

文明的最终目标就是建立世界范围的比善环境，

但这必须从个人做起，从家庭做起，从小做起。只有众多的个人文明、家庭文明、党派文明才能形成社会文明的状态。如今大范围的比恶环境，只能越比越恶，最后都在用武器说话了。

7．在当今这个信息爆炸、娱乐至死的时代，您是否认为，诗歌已经失去了它原有的光环，变成了"小众"的、甚至是"过时"的艺术形式？您对诗歌的未来发展持怎样的态度？

答：诗的创作过程是建造个人体内文明的过程，它产生内在的闭环，永不过时！而完成后的诗能被更多的人分享当然是此良性的外延。它的过去和未来是一致的，不是发展而是能坚持多久。

8．请您提供您所推崇或认可的二十位当代优秀诗人名单（可以是您所在国家的，也可以是其他国家的在世诗人）。

答：对我来讲，优秀应该是指已去世的诗人，因为能把自由创作的价值观坚持到生命的最后才能在优秀后面加上句号。这些诗人的名字我们从验证甚至重新挖掘的文学历史里都已知道了。

但我知道什么是当代优秀诗人的素质：他们的第一故乡必须是良知，可以在全球随身携带。

另一方面，我认为文本里面含有各种营养，而名字属于数字类代号，为的是让评论家可以用名字的甲乙丙丁来分析，其实直接用文本标题来指认并吸收文本的营养不是更直接简单吗？难道非要记住一个名字来展示记忆？我常常读他人的诗来获取营养，因为这是写作者的本意，不是名字（代号）的本意。

9．请问您害怕被时间（或受众）所遗忘吗？为什么？

答：被称为您或你的人都会被遗忘，历史证明了文明的另一个名字——挣扎。

还是说说文本吧，把什么样的前辈文本留下来是后代们的选择，有的作品流传两代人，有的几十代，有的才三天，有的在埋没了很多年后又被挖掘了出来。

对历史的铭记和遗忘是由强者的文明程度和物质利益决定的，人文范围里，我看到的基本是遗忘，今天的高科技在战争第一线不断发展提高，这种比恶的环境只能越比越恶，复仇再复仇的仇恨教育仍在继续普及。如此的存在状态，唯有仇恨被铭记。

10. 最后，请您对混语版《国际诗歌翻译》季刊的读者说几句话。同时，请附上您的代表性诗作4—6首、小传和高像素彩照二帧。非常感谢！

答：良知的传播是每个人的责任，请坚持！

四份有关诗的想法与言论

（一）

一提到文艺理论，我们有很多历史参照系可以阅读和借鉴，但我觉得它们的形成具有当时的时代背景和局限，而当前我们所属的时代则有许多新出现的问题，但我并不想把它们的新旧分得很清楚，因为它们是有关联的。现在我假设自己要写一篇诗歌理论，那么我会想到的提纲或内容会是什么样的呢？ 下面是我由第一反应写下的近年来的想法：

1. 当代诗歌面临的问题应该是阻力的叠加，政治结构和金钱与物质的阻力，我曾经在诗里讲到对时代负责的写作如果不用一个敏感词，许多题材就浪费了，如果全部用敏感词，可能会借别人的手断送了你自己的见解。至于写诗能不能挣钱的问题，其实就是用诗人的价值观在各行各业里所创造的财富就是诗歌精神的一部分财富。

2. 从文明的角度讲，人类的诗歌精神是一致的：好诗有两种，文字的和行为的，后者更重要，因为前者是为后者而出现的。不少诗人觉得行为太难而选择了前者，而这样的前者也就只剩下文字和技巧了。

中国诗歌在国际上的影响力其实是通过具有诗歌精神的人表现在文化行为上的，我们在人类面对生存危机时有精神导向的建树吗？当然可以举出一些得奖的文学、电影作品，但诗歌精神不是对他人或它国的影响，而是作为一个现代人有没有传承诗歌精神？我认为有反省才会有诗歌，对个人行为、国家行为、灾难和社会事件进行反省才是传承和发展了诗歌精神。

3．新媒体让我们便于交流，能通过更多别人的镜子看到自己，这对写作的深度与广度绝对是有帮助的。所以当代汉语诗歌仰仗新媒体有了各种发展。同时，一个新的现象就是出现了大量诗歌小圈子，很多都充斥着自我膨胀和互相吹捧的风气，而诗歌应该是一个反省与思考引发的向内的修炼。而针对每一个自认为诗人的人，其解决的方法依然是最古老的方法：减少和警惕自恋！

2017 年于纽约

（二）

人类有两个基因，一个是生物学的，一个是文化的。我们每隔一段时间就把诗歌和有关诗歌的问题拿出来讨论，留下具有创新的佳作和启迪未来的新观念，这就是每一代人对文化基因的刷新。被称为佳作的诗有几方面，从题材上讲是描写人生的永恒题材，比如爱情、死亡、战争、等等。第二是对当代社会生活和各种大事件进行描述和记录，活在当下的人有着直接感受的证据，把方方面面用诗和诗论记录下来为后人设立这个时代的档案。当然，在同样是事件和题材的写作里，具有创新形式和阅读快感并易于被更多人分享的就被称为佳作。

现代诗人基本是活动在城市里的，城市的一切则是人为的，包括公园和流水，预留的江河水道甚至海岸线也必然伴随着人工的设施和维护。而城市的图纸在根基上还必须依照大自然的规律，因为我们只能向大自然学习，追求那种天地人的和谐，绝非互相搏斗。这还涉及到人与人之间是逆向统治还是顺势管理，涉及到我们的审美有没有随着时代和技术一起发展，有一个就近的例子，就是文革期间我们的生活审美荡然无存，城市没有了建筑的发展和管理，更别提梦想了。强调审美就是强调作为人类有别于其他动物的特性，而更进一步讲，宇宙里还没有出现能与人类交流的其他物种，这一点也是人类会时常想到的问题，我们需要想象力来生活在偶然或者必然的处境里，想象我们如何尽可能地延续下去，尽可能地了解人类在宇宙空间里到底能生存多久，到底能否在宇宙灾难来临时幸存下来？也许有人会问，你谈的这个问题与"城市文化语境中的诗性书写"之讨论议题有什么关系？我认为有关系，因为，诗性是人类精神生活一个最高的词，没有哪一代人有权降低它的标准来使用它，如果继续纠缠在国家主义、种族独立、宗教分歧上，人类面临的大问题就没有机会进入真正的生存思考。前面提到的文革，在那样的日子里，诗性思考是绝对被消灭的。所以首先要避免妨碍思考的各种愚民的设置，给诗性思考一个积极向上的面对人类城市的思考平台，我在思考上海或北京或纽约时，也思考何时会出现充满多民族共识的城市。

我再说一个正在如火如荼地发生并影响世界各地城市人生活的问题吧：那就是因国家贸易保护主义的流行而引起的剧烈冲突。人们局限在知识产权的问题上并打得热火朝天，当然无暇用更长远的目光来诗性地思考人类地球共同体的未来。我们在短浅的目光里继续享受着先到先得的抢位子的游戏。科学技术的发明解决了人们吃穿住行的便利，而和谐世界的秩序呢？科技为什么对此无能为力，用导弹制造出来的自我安全感意味的是什么呢？是文明在前进吗？其实仅仅是技术在前进，文明停滞在原始社会高耸厚实的城墙里，此城墙变成了如今的导弹而已。我很难为某几个国家超前的高科技设施而兴奋。我这里插一句：这些年来很多中国移民到海外寻找发展机会，所以对多种族的城市社会生活和文化异同有了更多亲历的感受，这在题材上虽然有别于国内的写作，但能回过头来或拉开距离地对故乡事物进行多角度审视，并创作出拓展胸怀的作品。这并非站着说话不嫌腰疼，因为诗性是没有国籍的，是人的诗性，不是某村某国某城的封闭式的诗性。而身边的现实地理环境确实很容易让人甚至让诗人忽略对更大环境的诗性审视，我觉得有必要警惕这种保守主义的常态。

我反省过自己：我对诗性的坚持是否有点像对传统文化的怀旧？如果是这样，就欠缺了参与当代文明的发展意识。当然，中国传统文化中的个人修养有着良好的传统优势，修养这个词真好，因为仅仅遵守法律，还不能说是一个自觉的文明人，可能是个害怕被法律惩罚的人。而修养就是要在遵守法律的基础上更高地培养自我的文明行为，所以做一个专业的文明人比作一个专业的什么专家更重要。让我们共同努力吧，诗性就在我们身上，并非远方。

2018 年

（三）

当代性有两个层面，诗人价值观的当代性和作品的当代性。两者涉及到作者的视野大小问题，是狭隘的个人或小群体还是关注整个社会的，我觉得二十一世纪以来，汉语诗的多元化，使作品里的视野并不缺少广度，问题是其他国家的信息如果只是听说或者通过媒体获得的，在准确度上绝对会影响借鉴的说服力。我对当代性的复杂基因抱有警惕，因为当代性不能回避的就是你是在什么样的体制里形成的，有些国家有过体制变化，令作者的经历产生了极大的起伏，这种当代性与一直从单一体制里获得的就有很大的差别。当然，作为个人，只能尽可能在信息准确度上进行旅游式的考证，并且对信息进行一定时间的沉淀后，获得接近深度思考的真实数据。关于真实数据，我不是仅仅讲表面的，各种媒体上的各国社会数据。我先讲一个最近发生的事情，我的一个搞写作的朋友是今年 1 月中旬从上海到纽约访问旅游的，准备 3 月下旬回上海，可因为纽约的疫情，很多航空公司停飞了正常航班，他的机票也被取消了，这一拖就是几个月，他本来是租住在纽约曼哈顿区的民宿，但因为纽约市的感染几率很高，就联系了前些年移民美国的朋友，这个朋友住在纽约上州的极其安静人口稀少的小镇里，于是他就搬到那里避难，在那里每天面对大自然的树林和草地，天空和鸟叫声，还有兔子和鹿群，几乎见不到人，他一住就是两个多月，结果这种沉淀发生了内心的变化，疫情让他从大都市的噪音中沉淀下来后转而开始审视自己的内心。他发现现代都市社会的浮躁和被繁荣裹挟的这些年，很少有机会参照大自然的天色转换、云层变化、风声及鸟鸣来审视内心深处，他还发现描写都市繁荣的表面结构组成了他近些年来的作品，深处的体会则没有被激发出来。这就是我们尤其是都市诗人面临的写作状态，久而久之，习惯了。所以我要说，我们的都市生活有很多浮躁的当代性，这些当代性表现在作品中，加上互联网和自媒体，它的发表过程也很浮躁，其中缺少沉入内心的数据，也就是缺少反省以及和大自然互动的程序！习惯了没有反省浮躁日常和繁忙社会应酬，又如何能呈现有深度的当代性呢？

另外，我认为，诗人和文学艺术创作者的个人文明有着永恒的当代性标准：

1. 人类仅仅需要一个互相比善但不是比坏的生存环境。

2. 所有文学艺术的最终目的是能把行为底线往上提升一点，所以文学艺术的创作只是它的过程。不管它存不存在，都是为了达到这个行为的当代性而努力的。这个以善为主的当代性是需要每一代人持续推动的，历史很多次证明了，文明很容易在各种利益的争夺中倒退与毁灭。

再说一下当代的作品，首先，我对属于什么流派不太重视，一般来讲，以我能获得阅读快感来定，我不会先选择什么先锋的流派后再去阅读，我感谢每一篇给我阅读快感的具体的作品，并没想到去感谢这篇作品所属的流派。尤其很多流派是一群人或被评论家标签的，常常是推销式的自恋型的广告语。说到这里，我认为口语诗不是流派，是当代的表达方式，是日常用语被逐渐诗性化的结果，它突破了学校教育的僵化的文学词语规范，它的当代性就是扩大了易于共鸣的范围，或者说智性地把日常的很多说法点击出诗意的穴位，这并非容易的事情。所以，口语诗的淘汰率也会很高。它需要诗人更多的专研和更贴紧社会现实表达方式的体验。

相对古典一些的现代诗，比如翻译体及技术类的表达模式，虽然有一定的传统阅读习惯来为它们提供保险，但在创新上我觉得反而难以成就，总体来说，它不太依赖紧锣密鼓的当代脉搏，它依赖的是："审美是有心跳的"的文学概念，对我来说，它的陈旧在当代性上就显得抽象，或者当代性变成了背景而很模糊。至于其中有没有创新的好作品，当然也会有，但要阅读更多的才能发现一二，因为它们不够自由，有许多展示虚荣和所谓学术的绳索，其中的许多诗，只是又写了一首技术。

2020 年

（四）

回答关于诗的提问：

诗是什么？

技巧和派别很多，但总体来讲应该是情感加理性的点穴人性的表达。

诗是天然存在的，还是人为的？

人产生于大自然，先有人的心智基因才会有诗。

诗与人是什么关系？

诗展露人的无知和有限的知识，所以诗是关于人的知识。

诗都有些什么特点？

既然是关于人的知识，就会有激情、虚荣、反省等特点。

什么是好诗？

反省自身，反省人类史以及真实反省和记录所处时代的大小事件。

真正的好诗会在后面的几代甚至几十代人中继续着点击率，而仅仅在当代的时间里

不一定能体现出来，因为某些诗有其前瞻性和探索性的特色。

诗是有用的，还是无用的？

从文明的角度讲，诗崇尚和探索人类的第一健康：心智的健康。

2021.11.